Know-how Elternschaft

1. Auflage, erschienen 02-2017

Ein Buch aus dem Buchwerk Verlag

Umschlaggestaltung: Buchwerk Verlag
Text: Žana Romé
Titelfoto: ©Andrey Popov - fotolia.com
Layout: Buchwerk Verlag

ISBN: 978-3-96086-042-6
Preis: 13,95 €

Copyright © Buchwerk Verlag

Inh.: Manfred Schenk KG, Klosters. 1, 41363 Jüchen
Persönlich haftender Gesellschafter: Manfred Schenk

www.buchwerk-verlag.de

Know-how Elternschaft

žana Romé

Die Entstehung dieses Buches

Meine Geschichte beginnt mit meiner Tochter, als ich mich bei ihr zweimal für die gleiche Sache entschuldigt habe und sie zu mir sagte:

„Mutti, du solltest das so machen, dass du dich nicht mehr zu entschuldigen brauchst."

Wie wütend ich war!

Wie kann mir das meine eigene Tochter sagen. Ich mache alles, um ihrem Wunsch nachzukommen, und ich strenge mich wirklich an, eine gute Mutter zu sein.

Als ich mich beruhigt hatte, habe ich trotzdem angefangen zu überlegen, warum es so ist, dass wir uns nicht verstehen?

Kann ich wirklich nicht mit dem Kind kommunizieren? Klar, dass ich es nicht kann, denn ich bin zum ersten Mal Mutter!

Ich beeilte mich in die Bücherei und begann nach Literatur zu suchen – eine gute Mutter sein. Ich habe gesucht, jedoch keine Anleitungen darüber, wie ich handeln soll, finden können.

Hauptsächlich habe ich Bücher über die Erziehung der Kinder gefunden, womit ich jedoch nicht zufrieden war, weil ich Informationen über die Erziehung für mich als Mutter gesucht habe.

Dann habe ich an Vorträgen für Eltern teilgenommen, jedoch auch bei diesen Treffen habe ich über die Erziehung von Kindern gehört, obwohl ich zum Vortrag für Eltern gekommen bin!

Ich wollte etwas über die Eltern hören, über mich – was ich machen und sagen kann, damit ich als Mutter richtig handle.

Über die Verhaltensweisen der Eltern habe ich keine Literatur und Vorträge gefunden, weil sich noch niemand mit der „Erziehung" der Eltern beschäftigt hat.

So ist dieses Buch entstanden – als Folge des Widerstands, weil es über das Handeln der Eltern keine Literatur und keine Wissenschaft gibt.

Pilottheorie der Elternschaft

Es ist falsch zu glauben, dass wir, wenn wir Eltern werden, einfach wissen, was wir tun und wie wir uns verhalten sollen.

Ein Pilot, zum Beispiel, kann auch nicht 200 Menschen durch die Luft führen, bevor er keine geeigneten Kenntnisse erworben und praktische Erfahrungen gesammelt hat, auch in simulierten Situationen.

Wenn ich einen Kuchen backen will, muss ich auf die vorgeschriebenen Grammzahlen achten, wenn ich Auto fahren will, muss ich die Verkehrszeichen lernen und so weiter. Trotzdem gibt es die weit verbreitete Meinung unter den Menschen, dass Elternschaft und Familienerhaltung selbstverständlich sein sollten. Gar nicht!

Wie alle Rollen im Leben sollte auch die Rolle der Elternschaft gelernt werden.

Der große Wunsch zu fliegen und der Mut genügen nicht, um ein Pilot zu werden.

Ich sah den Film `Top Gun`zweimal, aber trotzdem weiß ich nicht, wie man ein Flugzeug fliegt.

Ich verfolgte die Bundesliga und kann immer noch nicht Fußball spielen! Wir können nicht sagen, wenn wir unsere Kinder beobachten, erwerben wir Kenntnisse über Elternschaft.

Also, wann ist der richtige Zeitpunkt für die Eltern, die erforderlichen Kenntnisse für die Elternschaft zu erlangen?

Ist es, wenn wir schon in der Luft sind, zusammen mit unserem Kind in seiner Kindheit fliegen oder vielleicht schon vor dem Flug, vor der Geburt unseres Kindes?

Okay, wir haben den Zeitpunkt verpasst.

Was ist, wenn wir erst von der Lehre der Elternschaft hören, wenn unser Kind schon fünf Jahre alt ist?

Was ist, wenn das in seinem zehnten Lebensjahr passiert, vor dem Eintritt in die Pubertät?

Werden wir uns jemals die Zeit für dieses notwendige Wissen nehmen?

Oder bevorzugen wir es, am Umgang mit einem Kind zu lernen?

Dies ist keine Beleidigung, nicht wahr?

Wenn ein Pilot in einem Flugzeug lernen würde, das voll mit Passagieren ist, dann wissen wir alle, wie es enden würde.

Auf der anderen Seite können alle Arten von Experimenten an einem Kind durchgeführt werden, denn am Ende ist das Kind schuld, wenn es nicht gehorcht oder nicht zuhört ...

Ich bin mir wohl bewusst, dass das elterliche Ego riesig ist, aber wären die Passagiere im Flugzeug schuld, wenn das Flugzeug abstürzen würde, während das mangelnde Wissen des Piloten über die Grundlagen des Fliegens ignoriert würden?

Man sollte seine Arbeit dann tun, wenn sie getan werden soll – nicht erst danach, wenn schon Konsequenzen eingetreten sind.

Folgen Sie mir? Was ist dann mit der Verantwortung des Piloten? Was ist mit den Eltern? Was sind die Rechte der Fahrgäste? Was sind die der Kinder?

Wer ist am Untergang der Titanic schuld? Die Fahrgäste? Kommen Sie schon ...

Der Pilot kann in der Luft nach seinen Vorstellungen das Flugzeug lenken, denn der Weg und die Verfahren sind genau bestimmt.

Auch wenn sich die Passagiere unangemessen verhalten, gibt es dafür schon im Vorhinein bestimmte Verfahren.

Oder wenn wir uns wieder auf die Straße begeben – was würde es bedeuten, wenn wir in der Kreuzung kein Wissen über die Bedeutung der Verkehrszeichen hätten? In solchen Situationen gibt es keine Entschuldigung für das Nichtwissen.

Ich bin kein schlechter Pilot, und Sie sind keine schlechten Chirurgen, nur können wir diese zwei Berufe nicht ausführen, weil wir dafür nicht geschult sind.

Ich bin sicher, dass Sie mit der richtigen Ausbildung ein bemerkenswerter Chirurg wären und ich ein ausgezeichneter Pilot wäre. So einfach ist das.

Elternschaft ohne Wissen

Normalerweise suchen die Eltern Hilfe und Literatur, wenn sie schon sehr viele Probleme mit ihren Kindern haben.

Einige beschuldigen zunächst ihren Partner, die Schwiegermutter, das System oder das Kind.

Wenn das Kind nicht das Glück hat, vorbildhafte Eltern zu haben, dann geht die Energie oftmals in die falsche Richtung – und drückt sich in seiner Gesundheit und im Lernen aus.

Oder sind aggressives Verhalten, Hyperaktivität und Verschlossenheit beim Kind Zeichen, dass die Eltern unordentlich sind?

Oder sind Kinder von unordentlichen Eltern häufiger krank, unglücklich, weniger erfolgreich?

Oder sorgen wir uns mehr um Dinge und um Tiere als um Menschen – den Kindern – den kleinen Menschen?

Für das Auto und die Wohnung haben wir alle Bedürfnisse und Verpflichtungen bestimmt. Oder sind die Eltern vom Kind begeistert und zeigen es ihm auch? Berücksichtigen die Eltern die persönlichen Eigenschaften des Kindes?

Oder fördern die Eltern das Selbstbewusstsein und die Tatkraft des Kindes?

Ist dem Kind die Kreativität erlaubt oder leidet es unter der Autorität der Eltern? Die Eltern dürfen mit ihrer überhöhten Autorität die Persönlichkeit des Kindes gefährden, weil sie mit übertriebener Strenge die Entwicklung des Kindes behindern und einen Diener aus ihm machen.

Oder wird dem Kind ermöglicht, dass es seine kommunikativen Fähigkeiten entwickelt und sich ausdrücken darf, auch ärgern, streiten? Oder wird das Kind für seine Forschung bestraft?

Wie ist die Intonation, die Stimmlage der Eltern?

Die Eltern machen mit dem Kind, was sie wollen, nicht aber das, was für die Entwicklung des Kindes wichtig ist.

Die Vereinten Nationen betonen unter anderem das Recht auf einen zufriedenstellenden Lebensstandard und das Wohlergehen sowie das Recht auf den bisherigen höchsten Standard der körperlichen und geistigen Gesundheit.

Es stellt sich die Frage, ob die heutige Familie ohne das notwendige Wissen fähig ist, diese Rechte zu erfüllen.

Den Statistiken der Sozialzentren auf der ganzen Welt zufolge ist klar, dass die Grundbedingungen dafür nicht erfüllt sind −es gibt kein vorhergesehenes und bewertetes Wissen über das Handeln der Eltern. Dabei geht es nicht um den freiwilligen Willen der Eltern. Zumindest sollte es nicht darum gehen.

Die Kinder haben uns nicht gebeten, auf diese Welt zu kommen. Sie sind von den Eltern emotional, physisch und materiell abhängig. Wegen des historischen und globalen Systemfehlers entwickelt sich das Sozialkapital der Gesellschaft – der Kinder – nicht so, wie es sich entwickeln könnte.

Bei keinem Elternverband beschäftigen sich die Eltern mit sich selbst, um die guten Praxen untereinander zu teilen und die modernen Fähigkeiten zu lernen, die für die Elternschaft notwendig sind. Immer beschäftigen sie sich mit dem Verhalten der Kinder.

Alles ist den Eltern überlassen, die Kinder sind deswegen jedoch gänzlich ungeschützt. Nirgendwo sind die Grundmuster des Handels der Eltern niedergeschrieben.

Wegen der Unwissenheit, des Hochmuts und des enormen Egos der Eltern herrschen in den Familien oft Sorge, Angst, Schmerz, Krankheit und Sucht. Welche Verantwortung gibt es für eine nicht qualitätsvolle Elternschaft? Es gibt keine. Über das Handeln der Eltern gibt es keine Kontrolle. Was ist eine nicht qualitätsvolle Elternschaft? Ist es die, in der das Kind in einer dauernden Angst lebt, weil die Eltern von Alkohol, Drogen und Tabletten abhängig sind? Ja, und noch viele andere Anomalien und Abhängigkeiten zählen dazu.

Leidet das Kind, wenn es unordentliche Eltern hat, die zu dick sind, aus dem Mund stinken, unordentliche Haare, Nägel, Haut, Kleider, einen schmutzigen Wohnraum und ein unordentliches Auto haben? Ja, unerträglich. Schämt sich das Kind für solche Eltern? Sehr. Leidet das Kind, wenn es depressive Eltern hat, Pessimisten, Egoisten und Karrieristen? Ja. Benötigen dann die Eltern Wissen über Elternschaft? Mit unserem gesunden Menschenverstand können wir uns fragen, wie wir alle Sektoren des Menschenlebens standardisieren und mit Wissen ausstatten können – nur die Elternschaft als selbstverständlich betrachten?

Sie scheint selbstverständlich, jedoch ...

Das Ziel dieses Buches besteht darin, einen Umbruch im Denken auszulösen und aufzuzeigen, dass dem nicht so ist.

Im Allgemeinen können wir behaupten, dass die Wahrscheinlichkeit groß ist, dass wir eine Sache vernichten und ihr schaden, wenn wir sie ohne Kenntnisse und Fähigkeiten angehen. Entstehen werden oftmals ein irreparabler Schaden und dauerhafte Folgen. Beim Kind brauchen wir keine Angst zu haben – obwohl es emotionale Folgen spürt, werden wir wegen dieses Handelns ohne Wissen nicht bestraft.

Das Kind wird selbst schuld sein, weil es nicht gehorcht. Die Eltern mischen sich dort ein, wo es nicht notwendig ist. Dort aber, wo sie sich einmischen sollten, tun sie es nicht. Sie handeln nicht vorbildhaft, und sie zeigen ihren Kindern keine liebevollen Gefühle.

Einiges machen sie schwieriger als es sein sollte.

Die Ursachen sollte man darin suchen, dass es ihnen tatsächlich schwerfällt, weil sie etwas ohne Wissen tun.

So als würden sie Flugschein ohne Pilotwissen machen – sicherlich würde es sehr schwierig sein. Und verhängnisvoll. Für alle.

Elternschaft als Wissenschaft

Für unseren Beruf bilden wir uns einige Jahre aus und bilden uns zusätzlich immer weiter. Für den Beruf des Vaters und der Mutter aber nicht, weil uns das irgendwie gegeben scheint.

Einige verantwortungsvolle Eltern bemerken ziemlich früh, dass ihnen etwas fehlt und dass sie der Aufgabe nicht gewachsen sind. Sie spüren, dass auch die Vater- und die Mutterrolle eine fachliche Grundlage benötigen.

Bei der Elternschaft begegnen wir mindestens zwei Situationen: Die Erwachsenen sind sich nicht bewusst, dass dieses wichtige Wissen notwendig ist.

Auch wenn sie es wären, gibt es keine Wissenschaft und keine Experten, die ihnen dieses Wissen vermitteln würden.

Deshalb ist es notwendig:

I. verantwortungsvoll die vorhandenen guten Praxen der Elternschaft zu sammeln,

II. eine Wissenschaft und ein Institut für die Optimierung von Wissen über die Elternschaft zu schaffen

sowie die Eltern mit dem Wissen über die Elternschaft auszustatten.

So wären die Eltern selbstbewusster, weil sie wüssten, wie sie mit den Kindern umgehen sollen und was mit ihren Kindern in den verschiedenen Lebensphasen geschieht.

Es gibt zahlreiche Bücher über die Themen Kindererziehung und erfolgreiche Elternschaft. Manchmal widersprechen sich die Informationen jedoch.

Die Eltern erhalten unterschiedliche Tipps darüber, was getan werden muss.

Wenn wir zu der Pilottheorie der Elternschaft zurückkehren, können wir feststellen, dass die Mehrheit der Literatur das Konzept verfehlt.

In der vorhandenen Literatur sind die Methoden beschrieben, wie die Eltern die Kinder erziehen sollen, obwohl es am wichtigsten ist, den Eltern ihre elterlichen Fähigkeiten zu lehren

Die Hauptaufgabe des Piloten besteht nicht darin, mit den Passagieren umzugehen, sondern zu pilotieren.

Einige Überschriften, die wir in der Literatur oder in den Vorträgen für Eltern finden, lauten:

Warum ist mein Kind unruhig?

Wie kann mein Kind erfolgreich in der Schule sein?

Die richtigen Themen für den Vortrag für die Eltern wären: *Sind wir vorbildhafte Eltern?*

Welchen Einfluss haben meine Freundlichkeit und mein Erfolg auf das Kind?

Zukünftige Eltern wollen zweifellos nur das Beste für ihr Kind. Die aktuelle Ad-hoc-Kindererziehung (globaler Systemfehler) sollte schrittweise durch einen modernen (gelernt, gespeichert), ganzheitlichen, integrierten Ansatz ersetzt werden, in dem eine stetige Weiterbildung der Kenntnisse stattfindet.

Für den GLOBLEN SYSTEMFEHLER benötigen wir eine GLOBALE RETTUNGSAKTION.

Es ist eine allgemein bekannte Tatsache, dass die meisten Menschen keine glückliche Kindheit gehabt haben und dass wir die falschen Muster erhalten haben. Weltstatistik: Rund 85 % der Familien sind dysfunktional! Dies bedeutet, dass in den Familien Anomalien vorhanden sind, welche Familien zerstören. Familien erleben viele schlechte Dinge, und Kinder leiden sehr darunter. Selbst die besten Eltern machen Fehler. Wenn sie diese täglich begehen, sind die Folgen für ein Kind schwerwiegend. Es hat:

keinen Erfolg in der Schule,

Verhaltensauffälligkeiten,

eine niedrige Konzentration und geringe Selbstachtung,

einen schlechten gesundheitlichen Zustand, Krankheiten: Anämie, Herzrhythmusstörungen, Diabetes, Psoriasis, Asthma, Anorexie, Fettsucht, Bettnässe und vieles mehr. Können Sie die Größe des Kindemissbrauchs der Ad-hoc-Elternschaft erahnen?

Die Elternschaft aus eigener Erfahrung zu lernen – oft von überholten Mustern – ist nicht mehr ausreichend. In der Tat, war es nie.

Niemand hat je die Gründe behandelt. Niemand hat sich mit der Anhebung der

Elternrolle oder dem Lernen über Kindererziehung beschäftigt, aber alle beschäftigen sich mit den Auswirkungen, die ein solches Verhalten auf die Kinder hinterlassen hat!

Jedes Segment eines Menschenlebens und jeder andere Bereich haben eine Wissenschaft, die eine fachliche Behandlung erfordert. Das Gleiche gilt auch für die Elternschaft. So erwarten wir vom Chirurgen, dass er uns das Herz ‚reparieren' wird, vom Zahnarzt, dass er den Zahn richten wird. Der Chirurg nämlich kann uns die Zähne nicht richten, obwohl beide aus dem medizinischen Fach sind.

Darüber denken wir überhaupt nicht mehr nach, es ist selbstverständlich, dass jeder für seine Arbeit qualifiziert ist.

Inakzeptabel, gefährlich und gesetzeswidrig wäre es, wenn sie eine Arbeit machen würden, für die sie keine geeignete Qualifikation hätten.

Nun, genau das machen wir mit den Kindern.

Wir gehen völlig ahnungslos an sie heran. Nur gut, dass sie lebendig und gesund sind. Statt die selbstverständliche Elternschaft anzunehmen, ist es zweckmäßig, die bestehenden guten Praxen anzuwenden.

Die Anzahl solcher unverbundenen Daten ist signifikant.

Es zeigt sich das Bedürfnis nach der Gestaltung einer neuen Wissenschaft, einer Wissenschaft über die Optimierung der Elternschaft.

Die Familie formt das Kind und hat einen starken Einfluss auf seine Arbeitsbegeisterung und Kreativität, die es für die Erfüllung seiner Verpflichtungen benötigt.

Das innere Leben bestimmen die Emotionen und nicht das Geld, deshalb ist es notwendig, Zufriedenheit innerhalb der Familien zu schaffen.

Das ist die wichtigste Rolle der Eltern. Eltern sind immer Eltern.

Das Kind, später als Schüler, Student und Beschäftigter, lernt die ganze Zeit von den Eltern und empfängt auf bewusster und unbewusster Ebene Verhaltensmuster in allen Lebenssituationen.

Die Elternschaft als Wissenschaft können wir als die Kunst der Optimierung des Wissens über die Elternschaft bestimmen. Sie würde ein kulturelles und naturwissenschaftliches Bedürfnis nach dem Erwerb von Fähigkeiten und guten Praxen der Elternschaft darstellen. Den Gegenstand dieser Wissenschaft könnten die Universitäten benennen als:

Optimierung der Elternschaft

**oder: Familie – soziales Kapital der Gesellschaft
oder: Die Kunst der Elternschaft oder Familienwissenschaft.**

Das Thema der Elternschaft eignet sich nicht für Universitäten für Sozialwissenschaften und Psychologie, sondern für Universitäten mit den Schwerpunkten Organisation und Verwaltung, weil es um das Thema der Verwaltung mit dem Wissen der Elternschaft geht – nicht um eine Problematik.

Es ist logisch, dass wir die zukünftige Wissenschaft in den Bereich der Bildung und Verwaltung einordnen.

Keinesfalls sollte der Gegenstand mit Inhalten aus den Sozialwissenschaften und der Psychologie ausgestattet sein, die auf Probleme abzielen, weil Elternschaft tatsächlich nicht problematisch ist –

es ist die Kunst des Kreierens eines neuen Wesens und deshalb der schönste Beruf auf der Welt.

Beim Gestalten der neuen Wissenschaft – Wissenschaft über die Optimierung der Elternschaft – können wir uns die Fragen stellen:

a) Was und wie viel bestimmen? – Elternschaft, ähnlich wie jeder andere Beruf.

b) Wie diese vorstellen? – über eine Pilottheorie der Elternschaft, der Wissenschaft.

c) danach ein Weltinstitut für die Optimierung der Elternschaft – WIOE – gründen.

d) Für wen? – für (zukünftige) Eltern, Großeltern und alle, die sich um das Kind sorgen und an seiner Entwicklung mitwirken.

O, die Pubertät

Der größte Fehler, den Eltern machen: ungerechte negative Konnotationen der Pubertät.

Wenn wir eine Pflanze oder eine Blume beobachten, ab dem Moment, in dem wir sie in den

Boden oder in einen Blumentopf gepflanzt (gesät) haben, sehen wir zu, wie sie zu wachsen beginnt, dann den Nabel, und dann riechen wir die Blüte. Wir geben ihr genug Nahrung und Wasser, und wir freuen uns über ihr Wachstum.

Wenn wir das Gleiche mit unserem Kind (unseren Samen) tun – es verwandelt sich vom Baby in eine schöne, einzigartige Kreatur – dann ist das schlecht. Seine Pubertät ist etwas Chaotisches, sie ist kaum erträglich.

Damit fügen Eltern ihren Kindern Unrecht zu. Dies ergibt sich häufig daraus, dass Eltern nicht qualifiziert sind (meine Pilottheorie).

Die Pubertät ist mit negativer Konnotation besetzt.

Den Kindern steht ein Leben ohne Vorwürfe zu, besonders in der Pubertät.

In der Zeit des intensiven Wachstums der Pflanze bewundern wir diese, freuen uns, gießen sie, riechen an ihr und zeigen sie anderen.

Bei der Elternschaft ist das aber eine Zeit der Verwirrung und Wende wegen der normalen physischen, intellektuellen und moralischen Veränderungen beim Kind.

Die ungerechte negative Konnotation der Pubertät können wir als globalen Systemfehler betrachten.

Wegen der historischen unüberlegten Handlung der Eltern auf unrichtige Weise, nehmen wir die Jugendjahre unserer Kinder negativ (ungerecht) wahr.

Die negative Wahrnehmung der Pubertät können Eltern mit Wissen ersetzen, mit dem sie sich im Vorhinein auf die bevorstehenden Veränderungen vorbereiten können.

Die zukünftige Mutter macht beispielsweise einen Geburtskurs, und dann gebärt sie ohne Angst und leichter, was gut für sie und für das Kind ist.

Dramatische Veränderungen des Kindes während der Pubertät sind Teil der Persönlichkeitsbildung.

Gute Eltern haben ein vertieftes Verständnis über die Reibung zwischen den Werten und den verschiedenen Meinungen sowie über die Konflikte, das Schreien und das Nicht-Akzeptieren des Rates der Eltern.

Die Konfliktsituationen nutzt das Kind als Lernprozess, bei dem es seine mentalen und verbalen Fähigkeiten in der Familie schleift.

Der Pilot schult sich nicht nur für den Start und die Landung, sondern viel mehr für den Verlauf des Flugs – auch Eltern können sich nicht nur mit einem Geburtskurs vorbereiten, sondern auch für später, wenn sie gemeinsam mit dem Kind durch seine Kindheit fliegen.

Die Kinder haben sich mit ihrer Geburt ein Ticket auf Lebenszeit gekauft, mit dem sie zusammen mit ihren Eltern von einer Lebenssituation in die andere reisen.

Obwohl es bislang nur Geburtsvorbereitungen gibt, sind auch andere Vorbereitungen notwendig – zum Beispiel auf den emotionalen Umgang mit dem Kind –

weil die Erfahrungen und die Lebensverhältnisse

in der Kindheit sich auf den späteren Lebensstil auswirken.

Elternschaft als Kunst

(Kreieren eines neuen Geschöpfes)

Die Elternschaft stellt das Begleiten eines wunderbaren Wachstums und Fortschritts des Kindes dar. Es ist falsch, die Elternschaft mit negativer soziologischer-psychologischer Konnotation zu erfassen. Auch in zahlreichen Publikationen über die Unternehmensführung wird über die Kunst der Führungs-personen gesprochen und nicht über die Problematik der Führung.

Es ist wichtig, die Eltern-Kind-Beziehung in einem positiven, kreativen Licht zu zeigen, einem Licht der Kunst und des Kreierens ohne unnötige und übermäßige negative Konnotation wie zum Beispiel der Titel Familienstress – Theorie.

Über die Kunst reden wir deshalb, weil die Eltern genug Zeit und Raum für Kreativität bei der Gestaltung des neuen Geschöpfes –

des Kindes – haben. Dabei braucht es neben viel elterlicher Liebe natürlich auch das Wissen über die Elternschaft.

Eine geregelte, optimierte Elternschaft sollte eine Elternschaft mit Wissen sein, das es noch zu sammeln gilt. Dann würden die Eltern selbstbewusster und mit Freude die elterlichen Aufgaben erfüllen. Wir sollten verantwortungsvoll handeln, damit die Kinder verantwortungsvoll handeln werden, wenn die Zeit kommt – denn wenn die Kinder noch klein sind, ist noch nicht die Zeit dafür, denn dies ist die Zeit des Lernens und der Nachahmung, Forschung, Unartigkeit ...

Das Kind lernt Fertigkeiten, die es noch nicht kennt und beherrscht. Die Eltern können nicht optimal mit ihren Emotionen umgehen, die Einfluss auf ihr Kind haben, weil sie kein Wissen über die Elternschaft haben. Die Schaffung von Wissen über die Kunst der Elternschaft ist unumgänglich. Jede Arbeit ist eine Kunst der Schaffung von etwas Neuem, einem Mehrwert. Die Elternschaft ist die Kunst der Schaffung von Neuem, eines ebenso kreativen Wesens.

Kinderrechte

Alle Kinder haben die gleichen Rechte auf Liebe, Aufmerksamkeit, Freundlichkeit und Anregung der Eltern.

Jedes Kind hat ein Recht auf vorbildhafte, ordentliche Eltern, die ihm eine optimale Entwicklung ermöglichen.

Nur mit dem Verständnis über die Verantwortung der Elternschaft werden wir die Kinderrechte zu respektieren wissen.

Wenn wir die Rechte nicht kennen, können wir sie nicht erfüllen.

Bezüglich der Verantwortung für verschiedenste Bereiche haben wir klar ausgearbeitete und formalisierte Prozesse.

Bei der Registrierung des Autos weiß man zum Beispiel genau, dass man es, zur technischen Fahrzeugüberprüfung fahren und registrieren muss.

Wir können nicht zur Versicherung gehen und darum bitten, dass wir erst nächstes Jahr kommen, weil wir momentan nicht genug Zeit oder Geld für die Registrierung haben. Wir können aber auch auf Raten zahlen.

Wenn wir im Tierheim eine Katze holen, unterschreiben wir einen Vertrag, in dem wir genau definieren, wie wir mit der Katze umgehen werden – dort geht es nicht auf Raten.

Dem Heim liegt eine Struktur von Regeln zugrunde, welche das Handeln des zukünftigen Eigentümers, des Tierbesitzers, bestimmen.

Dieser Vertrag über den Umgang mit der Katze bestimmt das Minimum, den kleinsten Umfang für das Handeln, an den sich der Tierbesitzer halten muss. Andernfalls kann es sich um ein Vergehen oder sogar eine Straftat handeln.

Für den Umgang mit dem Kind gibt es dieses Minimum nicht.

Der Vertrag im Tierheim regelt nicht nur die Pflichten des Besitzers, sondern auch die Überprüfung der Ausführung des Vorgeschriebenen. Auf diese Weise ist ein unsorgfältiges Handeln ausgeschlossen. Die Entscheidung über den Umgang mit dem Tier ist nicht dem Eigentümer überlassen. Auch für Kinder könnten wir etwas Ähnliches bestimmen. Einzig die Verantwortung der Eltern für das Handeln mit den Kindern ist formell nicht definiert. Das Modell der Optimierung der Elternschaft müssen wir bestimmen und eindeutig niederschreiben. Wir müssen das Handeln der Eltern bestimmen, das zugunsten des Kindes wäre. Über die Rechte der Kinder wird bislang nur dann gesprochen und geschrieben, wenn diese verletzt sind.

Die Gesetze schreiben Erwachsene.

Offenbar ist etwas beim Ego des erwachsenen Menschen stecken geblieben, welcher sich noch nicht entschlossen hat, die Grundrechte des Kindes und die richtigen Umgangsformen der Eltern mit dem Kind niederzuschreiben.

Die Verpflichtungen der Eltern gegenüber den Kindern

In Familien kommt es leider häufig zur Missachtung der Würde des Kindes – zu unmenschlichem, grausamen und erniedrigenden Handeln mit Kindern sowie zur Verletzung des Rechts auf die persönliche Meinung.

Die emotionale und physische Sicherheit, die das Kind aus dem familiären Umfeld mitbringt, wird zu seinem lebenslänglichen Begleiter.

Die verantwortungsvollen Eltern sollten ein gesundes, entspanntes, freies und mehrseitig entwickeltes Umfeld schaffen, welches die Begabung des Kindes unterstützt, es nicht kritisieren und übertrieben negative Stellungnahmen ausdrücken.

Dabei benötigt die Familie Fähigkeiten einer offenen Kommunikation und Verhandlung.

Die Eltern könnten beispielsweise mit ihren Kindern Anekdoten und Erinnerungen ihrer Kindheit teilen. Die Kinder sind wie Schwämme, sie saugen alle Arten von Informationen auf. Weil Erwachsene häufig ihre Lebenssituationen negativ erleben, übertragen sie dies auch auf die Kinder. Jede Negativität ist bei der Funktion der Eltern unerwünscht. Die gegenseitigen Beziehungen in der Familie, die Kommunikation und Zusammenarbeit, vor allem zwischen den Elternteilen, haben sehr viel Einfluss auf das Befinden und das Wirken des Kindes. Der Mensch ist von Natur aus ein possessives, autoritäres Wesen. Er denkt sich, dass die Sachen die seinen sind – die Eltern nehmen den Raum, die Zeit und die Würde des Kindes in Besitz.

Die Eltern müssen viel an sich selbst arbeiten und sich ausbilden, um sich weiterzuentwickeln

In einem optimalen Familienumfeld wird das Kind dann die Interessen übertreffen, weil die Eltern es dafür begeistert haben.

Aus diesem Grund gibt es keine Ausrede für das Fortsetzen der Elternschaft mit schlechten Mustern. Wir können keine Piloten ohne Pilotenschule ausbilden sowie ein stetiges und vereintes Wissen für sie haben. Der Pilot lernt nicht, mit den Passagieren umzugehen! Die Passagiere sind nur auf dem Flugzeug, manchmal fliegt das Flugzeug ohne Passagiere, zum Beispiel ein Frachtflugzeug. Alle Passagiere auf der Welt haben das gleiche Recht, wenn sie in das Flugzeug steigen. Alle Kinder auf dieser Welt haben das gleiche Recht auf Eltern, die als Pilote ihrer Leben mit dem Wissen der Elternschaft ausgestattet sind. Haben Sie gewusst, dass Sie eine Katze oder einen Hund aus dem Tierheim nicht bekommen können, wenn sie offensichtlich ein Alkoholiker sind oder nicht über ausreichende finanzielle Mittel verfügen? Natürlich deswegen, weil es für das Tier besser sein wird, wenn es ihm Tierheim bleibt, als bei so einem Betreuer zu landen. Wenn aber die Eltern die Kinder in einem unangemessenen Umfeld erziehen, ist dies keine gesellschaftliche Frage. Auch das Kind müsste man vor unordentlichen Eltern mit Anomalien und Abhängigkeiten schützen. Die Eltern sollten nicht traurig, leidend, unzugänglich, unglücklich, unmutig, gewalttätig oder plump sein. Es ist klar, dass jedes Mal, wenn es den Eltern schlecht geht, es auch den Kindern schlecht geht. Eine schwierige Lebenssituation ertragen die Eltern leichter, weil sie die Erfahrung haben und wissen, dass diese irgendwie gelöst wird, aber für ein junges, unerfahrenes Kind ist das ein Stich ins Herz. Verstehen die Eltern, dass sie selbst anpassungsfähig sein sollen und nicht das Kind? Die Eltern haben hauptsächlich ein unklares Bild, was mit dem Kind geschieht. Statt dass wir uns damit beschäftigen, ob wir mit dem Kind zufrieden sind, wäre es besser, dass wir uns fragen, ob das Kind mit uns zufrieden ist? Den Piloten würden Sie niemals fragen, ob er mit den Passagieren zufrieden ist. Ist es nicht strategischer und wichtiger, dass die Passagiere mit dem Piloten zufrieden sind?

Kriminalität und Familienmuster

Es wäre interessant, eine Umfrage in Gefängnissen durchzuführen, um festzustellen, in welchem Maße die Familie die Straftat des Gefangenen beeinflusst hat.

Würden Eltern feststellen, dass die Ursachen für das kriminelle Verhalten auch in falschen Familienmustern liegen? Dann würden die Eltern sich mit den Ursachen beschäftigen und nicht mit den Folgen.

Kindererziehung

Die Wortverbindung Kindererziehung wende ich nicht an, weil eine intensive Kindererziehung, während uns das Kind bei den grundlegenden Lebensfunktionen benötigt, nur bis zum vierten Lebensjahr dauert. Danach, wenn das Kind schon einiges beherrscht, lernt es über das vorbildhafte Handeln der Eltern. Es wächst als ein selbstständiges und fühlendes Wesen. Die Definition des Begriffs Kindererziehung muss man durch eine längere, geeignetere Terminologie ersetzen:

Die Kinder nehmen sich das elterliche Handeln zum Vorbild.

Beschreibung der Erziehung: planvolles Beschäftigen mit Pflanzen und Tieren, damit sie wachsen und bestimmte Eigenschaften bekommen.

Wenn wir Tiere und Pflanzen züchten, sind wir für das Kind nur ein Vorbild, weil das Kind das Handeln der Eltern lernt. Die Erziehung der Kinder ist eine fehlerhafte Wortverbindung, welche nicht in das 21. Jahrhundert gehört. Auch im Unternehmen sprechen wir nicht über die Erziehung der Mitarbeiter, sondern über den Umgang mit Humankapital. Den Eltern würde am meisten nützen, dass sie selbst die richtigen Entscheidungen treffen, sich an die Werte und Regeln halten, klare und menschliche Standpunkte haben und dem Kind über ihre Erfolge erzählen. Die Elternschaft heutzutage sollte nicht auf der Erziehung des Kindes basieren, sondern auf dem vorbildhaften Handeln der Eltern, welches das Kind unaufdringlich als sein eigenes annimmt.

Die Wortverbindung Kind (Person) mit besonderen Bedürfnissen

Die Wortverbindung Kind oder Person mit besonderen Bedürfnissen ist fehlerhaft und unangemessen. Wir können auch sagen: beleidigend. Sehen wir uns die Gründe dafür an.

Stellen wir uns die Frage: Welches besondere Bedürfnis hat eine Person, das wir selbst nicht haben?

Doch haben alle Menschen dieselben Bedürfnisse nach Liebe, Essen, Schlaf, Funktionieren ...

Es geht darum, dass wir nicht alle die gleichen Fähigkeiten für diese Bedürfnisse haben.

Folglich geht es um Personen mit weniger Fähigkeiten für Bedürfnisse, welche wir selbst/alle haben.

Wenn wir aber das Kind und den Erwachsenen als Person mit besonderen Bedürfnissen bezeichnen, dann ordnen wir sie in eine andere Schublade ein.

Der richtige Ausdruck wäre: Personen mit verminderten Fähigkeiten.

Häufig können wir in Definitionen und ausführlichen Erklärungen Sinnlosigkeit zurückverfolgen.

Wir definieren etwas, ohne dass wir uns auf den Inhalt einlassen. Wir sollten nach präzisen und korrekten Definitionen streben.

Gesundheit und Krankheit

In der Familie erworbene Muster haben einen starken Einfluss auf die Gesundheit der Kinder.

Die Gesundheit ist die Grundbedingung für die Entwicklung des Kindes.

Der Gründer der WHO (Weltgesundheitsorganisation) hat angegeben, dass die Frage der Gesundheit mehr wirtschaftlicher als humanitärer Natur ist.

Die Schäden, die wegen schlechter Gesundheit der Bevölkerung entstehen, haben einen Einfluss auf das gesellschaftliche und wirtschaftliche Wachstum.

Der Begriff der Elternschaft beinhaltet auch eine wirtschaftliche und gesundheitliche Konnotation, weil die Eltern für die Gesundheit des Kindes sorgen und ihm somit ein gesundes Leben ermöglichen (körperlich und emotional).

Die Definition der Gesundheit nach Dr. Štampar sagt auch viel über die Elternschaft aus: *Die Gesundheit ist ein Zustand völligen körperlichen, geistigen und sozialen Wohlbefindens und nicht nur die Abwesenheit von Krankheit und Erschöpfung. In der Familie schaffen die Eltern zuerst den Zustand des körperlichen, geistigen und sozialen Wohlbefindens. Auf die Gesundheit haben Einfluss: Erblichkeit, Umwelt (Natur und Menschen), wirtschaftliche Faktoren, Erziehung und Bildung, Arbeitsbedingungen (Arbeitslosigkeit), Wohnbedingungen* und das sozialpolitische System. *Alle aufgezählten Einflussfaktoren gelten für die Familie und ihre Lebensqualität.*

Die Definition von Krankheit:
Krankheit ist der Name für Prozesse im menschlichen Körper – in Körperteilen, Organen oder im Gewebe – die entstehen, wenn die Harmonie und das Gleichgewicht wegen der Wirkung der Außenwelt auf den Organismus und/oder wegen der Entwicklung im Körper (interne Ursachen) zusammenbrechen
(Saltykow, Grmek, 1958).

Die Harmonie und das Gleichgewicht, welche dann auch auf die Gesundheit in der Familie Einfluss haben, schaffen die Eltern.

Definition des sozialen Wohlstandes
Der soziale Wohlstand ist ein Zustand des Friedens und der Sicherheit, in welchem jeder Mensch das Recht auf Bildung und Arbeit sowie ein Leben in einer harmonischen und gesunden Umwelt hat. (Dr. Štampar, 1948):

Die Definition einer geregelten Elternschaft könnte lauten: Die Elternschaft ist ein lebenslanger Prozess, in dem eine erwachsene Person einer minderjährigen Person, später erwachsenen Person, optimale emotionale Bedingungen und Lebensbedingungen ermöglicht, damit diese Person ihre maximale Entwicklung, Gesundheit und Zufriedenheit erreicht.

Die Definition einer ungeeigneten, unordentlichen Elternschaft wäre entgegengesetzt: Wenn in diesem lebenslangen Prozess die Eltern keine harmonische und gesunde Umwelt für die Entwicklung des Kindes schaffen.

Kommunikation und Motivation

Die Rolle der Familie (Eltern) hat sich von den Kinderjahren über die Teenagerjahre bis hin zu den Studienjahren nicht viel verändert. Das Kind – später evtl. Student – benötigt viel Motivation, finanzielle Unterstützung und emotionale Anregung.

Wenn die Beschäftigten in einem Unternehmen beispielsweise motiviert und zufrieden sind, könnte dies zu besseren Geschäftsergebnissen und positivem Arbeitsklima beitragen.

Das Gleiche gilt für die Familie.

Ausgezeichnete Eltern und eine angenehme Dynamik der Familie, die jederzeit auf Veränderungen vorbereitet ist, haben einen starken Einfluss auf das Kind. Die Eltern sind ein Schlüsselfaktor für die Motivation des Kindes.

Viel Lärm herrscht bei einem Kind, welches keine Ruhe und Beruhigung in der Familie kennt. In der Natur kann es der Ruhe folgen und zur Entspannung und zu Ideen kommen – zum Wunsch nach zukünftigen Leistungen, zur Bewegung des Bewusstseins, welches im Lärm nicht an die Oberfläche gelangen kann. Es ist schlecht, wenn wir uns von der Arbeit, der Familie und der Natur entfremdet fühlen. Ein Einzelgänger zu sein, ist nicht sinnvoll und nicht angenehm für den Einzelnen und auch nicht für die Gesellschaft. Es ist uns wichtig, dass wir erfolgreich sind und dass wir Teil von etwas oder jemandem sind. Wenn sich das Kind im primären Umfeld gut fühlt, kann es zeigen, was es alles kann, wünscht und schafft –

seine Motivation und Kreativität vergrößern sich. Die Motivation ist der Schlüssel zur Zufriedenheit, der Entwicklung und des Erfolgs. Die Ankunft eines neuen Mitglieds in der Familie erfordert eine Menge an Veränderungen und Vorbereitungen, auch auf der kommunikativen und emotionalen Ebene. Das Hören und die Wahrnehmung sind zum Beispiel nicht einfach, jedoch kann man diese zum Glück lernen. Die Eltern sollten dies zulassen und berücksichtigen und den Ausdruck von Emotionen, Gedanken und Standpunkten respektieren, auch wenn diese anders sind. Sie sollten vermeiden, herauszufinden zu wollen, wer wen schlagen wird und wer Recht hat.

Genauso ist die gedankliche Abwesenheit unerwünscht, weil die Kinder jemanden benötigen, der ihnen zuhört und sie nicht verurteilt. Wenn die Kinder Lösungen suchen, benötigen sie jede Menge Wörter, damit sie sich ausdrücken können und zum Wesentlichen kommen. Höhen und Tiefen in der Kindheit und in der Jugend haben einen Einfluss auf die Selbstständigkeit, Verantwortung und Kommunikationsfähigkeit der späteren erwachsenen Person – deshalb ist in dieser sensiblen Phase die richtige Einstellung der Eltern entscheidend. Wenn eine Einzelperson aufwächst, sind Konflikte in der Familie unerwünscht, der Jugendliche braucht Ruhe. Grausamkeit und harte Behandlung sind nicht geeignet. Die Kinder fühlen es, wenn die Eltern sie aufgeregt beobachten. Akzeptanz, eine positive Haltung, Einhaltung der Regeln – all das sollen zuerst die Eltern machen. Danach werden die Kinder dem Vorbild folgen und versuchen, selbst so zu handeln. Der Schlüsseleinfluss der Familie ist eine vorbildhafte Haltung der Eltern. Die Anstrengungen und Erfolge des Kindes sollten (von den Eltern) anerkannt werden.

Falsch ist die Überzeugung, dass die Familie eine egoistische und autoritäre Führung benötigt. Zu große Egos der Eltern tragen zur schlechteren Entwicklung der Persönlichkeit des Kindes bei. Bei liebenden Eltern kann das Kind seine Talente, sein Wissen, seine Fähigkeiten und gute Arbeitsgewohnheiten entwickeln. Die Eltern können die Stärken des Kindes aktivieren, es aufmuntern, auch trösten, wenn sich dafür ein Bedürfnis zeigt. Dann benötigt das Kind nur einen Beichtvater, um diese Gefühle auszudrücken. Mit dem eigenen Vorbild können die Eltern dem Kind zeigen, wie man Ziele erfüllt, weil es tatsächlich keine Grenze gibt – das Limit herrscht nur im begrenzten Denken ohne Kreativität. Der Apfel fällt nicht weit vom Stamm. So sollte es ein starker Baum sein. Das Lernen der Elternschaft als Tätigkeit gibt es nicht und wird nicht ausgeführt, obwohl dies unbedingt erforderlich ist. Dass wir an den Kindern lernen, grenzt schon an Missbrauch. So als würden wir Ton in der Hand haben und ihn, wenn uns die Form nicht gefällt, noch einmal zusammenfügen und es noch einmal machen. Ein ähnliches Lernen führen wir am Kind durch. Wir müssten zumindest im Voraus wissen, wie man mit dem Kind umgehen sollte, damit wir nicht seine Integrität verletzen. Wichtig ist die Motivierung des Kindes – zu glauben, dass das Kind erfolgreich ist, ihm sagen, dass es das Beste auf der Welt in dem ist, was es mit Freude macht.

Affirmationen für Eltern

Für mich sind positive Affirmationen am wichtigsten, denn mit ihnen beginne ich meinen Tag.

Wenn ich aufwache und mich dehne, sage ich mir bereits: „Der eine Fuß funktioniert, der andere Fuß funktioniert, ich öffne die Augen – also sehe ich.

Die eine Hand funktioniert, die andere Hand funktioniert, das Kreuz tut mir nicht weh, mein Zahn tut mir nicht weh ... Ich aktiviere meine positive Kraft."

Ich stelle mir vor, dass ich im Kopf zwei Knöpfe habe, plus und minus. Ich schalte meinen Plus-Knopf ein.

Jeder kann sich für sich seine beliebige Affirmation suchen – oder meditieren, trainieren, joggen, beten ...

Warum ist das wichtig?

Weil alles, was mich über den Tag erwartet, alles, was ich fühle, mache, denke und sage, besser funktioniert, wenn mein Plus-Knopf aktiviert ist.

Wenn mir während des Tages der Plus-Knopf herausspringt und sich der Minus-Knopf einschaltet, wenn ich ihn am wenigsten benötige, dann kehre ich ihn ins Plus zurück wie bei einer Sicherung.

Wenn ich aufstehe, öffne ich das Fenster und stehe dabei auf meinen Zehen, hoch, als würde ich Früchte sammeln und gehe so wenige Sekunden.

Wenn draußen Nebel ist, denke ich mir, wie schön es ist, so als würde die Stadt in Watte eingewickelt sein ...

Wenn es regnet, wie schön es ist, wenn sich die Natur wäscht, so als würden wir ein Baby baden ...

Wenn es schneit, wie schön es ist, die Häuser sind wie mit Sauerrahm bedeckt ...

Einfache Affirmationen führen mich zu einer positiven Atmosphäre, einem lächelnden Gesicht und Lebensfreude.

So gefalle ich den Kindern.

Wenn wir aber ein trauriges Gesicht haben, ist es schwer für das Kind, es denkt sich, dass es daran schuld ist. Und dann geht es mit diesem Gedanken in den Kindergarten oder in die Schule.

Einige Eltern werfen den Kindern sogar vor, dass sie wegen ihnen traurig sind.

Traurige Eltern `produzieren` dementsprechend traurige und erfolglose Kinder.

Optimistische Eltern ‚produzieren' glückliche Kinder.

Haben Sie es schon einmal beim Baby versucht?

Wenn Sie dem Baby ins Gesicht lachen, wird es zurücklachen.

Wenn Sie aber ein trauriges Gesicht machen, wird das Baby anfangen zu weinen. Versuchen Sie es.

Es ist bewiesen, dass die nonverbale Kommunikation wichtiger als die verbale Kommunikation ist.

Bei der Kommunikation ist es wichtig, zu beobachten, zu fühlen, wahrzunehmen und zu motivieren.

Die Kommunikation besteht aus drei Segmenten:

Wörter – 7 %

Stimme – 36 %

Körpersprache – 57 %

Wir beobachten mit Leichtigkeit die Körpersignale, zum Beispiel, dass sich das Kind, wenn wir seinen Raum betreten, sich mit den Händen umarmt

Sich sozusagen schließt. Genauso ist nicht unbedingt wichtig, was wir sagen, sondern das, was das Kind hört. Wir Eltern kommunizieren und motivieren auch mit dem eigenen Aussehen. Unordentliche Eltern vernachlässigen ihr Aussehen – sie haben kein gepflegtes Haar, keine ordentlichen Schuhe und Kleider, sie stinken wegen schlechter Mundhygiene, Zigaretten oder Magenproblemen aus dem Mund, es stinkt ihr Wohnraum, Auto … Wenn es so ist, dann muss das auch das Kind ertragen und sich schämen. In einer solchen Situation geben die Eltern dem Kind ein falsches Vorbild und nehmen ihm Energie. Die Eltern stellen zu große Erwartungen an die Dankbarkeit der Kinder. So oder so überträgt die Mehrheit der Eltern ihre primären familiären negativen Muster. Deshalb müssen wir dringend neue Fähigkeiten und richtige Muster lernen. Die Kinder haben uns nicht gebeten, dass sie auf die Welt kommen, wir können ihnen dankbar sein, dass sie uns zur Freude geboren worden sind. Die größte Mitgift der Eltern ist, wenn sie verspielt, fröhlich, riechend, liebevoll, wachsam, sportlich, elegant, glücklich, zugänglich, ehrgeizig und so weiter sind.

Die Kinder benötigen uns

Wenn die Zeit der Mutterschaft und Vaterschaft kommt, schickt es sich, dass wir uns zuerst den Kindern widmen, weil sie uns benötigen.

Denn wir werden nichts versäumen.

Wenn unsere Kinder aufwachsen, wird wieder eine Phase kommen, in der wir Zeit für uns selbst haben werden. Wir werden mit den Enkeln spielen oder in Sportvereinen, Wandervereinen, Chören oder Ähnlichem aktiv.

Die Eltern, die diesen natürlichen Fluss des Lebens nicht akzeptieren, leben ihr Leben wie früher – ohne Kinder (auf Kosten der Kinder) oder zwingen die Kinder zu ihren Aktivitäten.

Die Kinder überlassen sie oft in die Obhut der Großeltern, was natürlich nicht falsch ist, wenn die Kinder die meiste Zeit mit den Eltern verbringen.

Sich auf eine unglückliche Kindheit beziehen

Die meisten Eltern hatten keine glückliche Kindheit. Wer sich jedoch noch nach 30, 40 und 50 Jahren mit der eigenen Kindheit herausredet, hat 10, 20 und 30 Jahre des eigenen Lebens verloren.

Wir können uns fragen, was wir in all diesen Jahren gemacht haben, damit wir die falschen Muster aus der Kindheit korrigieren oder ändern?

Es gibt keine Entschuldigung. Wir können nicht sagen, dass wir es nicht nötig gehabt hätten, etwas zu tun, bessere Muster zu lernen.

Für schlechte Vorbilder gibt es keine Ausrede.

Wenn die Eltern sich überessen, plump sind und vor den Kindern rauchen, viel Zeit vor dem Fernseher sitzen, mangelhaft bekleidet sind ... können wir schwer sagen, dass dem so ist, weil sie eine unglückliche Kindheit hatten!

Was können wir tun?

Wir können eine positive Haltung pflegen.

Das Leben ist ein Bauernhof! Was wir züchten – wächst. Wenn wir Gutes züchten, wächst Gutes.

Wir können in diesem Augenblick glücklich sein. Wir beginnen mit Positivem.

Als Erstes sind wir glücklich und dankbar, dass wir Kinder haben. Es könnte besser sein, jedoch könnte es auch schlechter sein – wir kennen zum Beispiel noch schlechtere Systeme.

Wir suchen gute Dinge.

Wir vertrauen Fachleuten, die die Zeit mit unseren Kindern im Kindergarten und in der Schule verbringen.

Wir versuchen innere Befriedigung zu finden und wenigstens ein wenig die schlechten Gedanken und die materielle Orientierung loszulassen.

Die Natur bietet uns eine Fülle an Möglichkeiten für kostenlose Entspannung.

Den Wohnraum können wir minimalistisch ausstatten, sodass wir mehr Zeit füreinander haben und diese nicht für das Aufräumen der Wohnung nutzen müssen.

Emotional in den ersten Plan, materiell in den anderen Plan.

Wir streiten uns nicht über die unaufgeräumte Wohnung.

Wir reden über Emotionen.

Wir schaffen Kontakt.

In der Familie leben wir uns nicht auseinander.

Wohltätigkeit

Es ist sehr wichtig, dass wir Eltern gelegentlich eine wohltätige Aktivität betreiben. Wir entwickeln Wohltätigkeit und Empathie – denn was wir geben, empfangen wir.

Die Kinder nehmen sofort unsere Empathie gegenüber hilfebedürftigen Menschen wahr und beginnen, uns, andere Menschen und sich selbst mehr zu schätzen.

In ihnen entsteht der Wunsch, Menschen zu helfen.

Meine Wohltätigkeitsaktivitäten waren: Besuch meiner Nachbarin, welche jetzt im Altenheim ist, Hilfe einem Behinderten beim Bestellen eines neuen Behindertenrollstuhls, Hilfe armen Bekannten (haben bei uns geschlafen) ...

Danach führte meine Tochter, die ihren Magister in der Mathematik macht, einen kostenlosen Computerkurs für ältere Menschen durch.

Meine jüngste Tochter, welche Musikwissenschaften studiert, sang an der Abteilung für Onkologie.

Die älteste arbeitete am SOS-Telefon für junge Menschen.

Alle drei Töchter nahmen in der Wohnung mehrmals junge Menschen aus der ganzen Welt als ihre Gäste auf.

Heute, in der Zeit des Individualismus, ist die Erziehung des Sinns für das gemeinsame Wohl von besonderer Bedeutung.

Der Mensch ist ein soziales Wesen, und von jeder Einzelperson hängt ab, wie die Gesellschaft und der Staat sich entwickeln werden.

Aufregungsverbot

Der Tag geht sowieso vorüber, ob wir uns aufregen oder nicht.

Die Lilien wachsen auf den Feldern, und niemand kümmert sich um sie, die Vögel singen, und niemand bereitet ihnen Nahrung oder ein Bett vor.

Wir sollten das Leben nicht so ernst nehmen. Es sollte spielerisch sein.

Das Problem ist eine ausgedachte Kategorie, in der es nur um Situationen oder Herausforderungen geht.

Der anerkannte Motivationsredner Nick Vujicic hat keine Hände und keine Beine, jedoch kommt er immer mit persönlicher Kreativität und Mut zu neuen Lösungen.

Dem Problem und dem Konflikt sollte man die negative Konnotation dauerhaft entziehen. Sehen wir uns an, was das Problem wirklich bedeutet:

Das Problem entsteht, wenn wir in einer bestimmten Situation keine Lösung haben.

So stellt es eine Herausforderung dar, dass wir uns mit etwas Unbekanntem konfrontieren.

Hier tritt die Kunst der Lösung des Problems auf, welche auf dem Wissen oder der Intuition basieren kann.

Die Lösung des Problems wandelt sich so in Kreativität und Erfinden um.

Der Konflikt ist das Konfrontieren mit verschiedenen Ansichten – die eine Seite kann das eine behaupten, die andere das Gegenteil.

Und wiederum kommt es zur Kunst – die Lösung des Konfliktes bedeutet eine Schaffung eines Kompromisses, neuer Erkenntnisse.

Die Probleme und Konflikte können wir von der Sicht der Schaffung eines Mehrwerts für alle sehen, ohne das eine und das andere wäre ein Fortschritt unmöglich. So können wir sagen, dass wir in der Eltern-Kind-Beziehung dringend das eine und das andere benötigen, damit wir in unseren Bedürfnissen wachsen können.

Noch mehr, auf den ganzen Linien muss man mit Negativismus umgehen, der uns wirklich schadet.

Wir sagen, dass jene Eltern gute Eltern sind, welche Probleme und Konfliktsituationen in der Familie lösen können.

Die Familie wird jedoch nicht nur mit Problemen und mit der Lösung von Konflikten konfrontiert, sondern die Familienmitglieder erreichen verschiedene Erfolge, bereiten Feiern vor, und im gemeinsamen Leben genießen sie viele glückliche Augenblicke.

Zweifaches Maß

Es ist interessant, wie wir uns für die Arbeit vorbereiten – wir sorgen für die Frisur, die Kleidung, Düfte, aber für die Familie nicht.

Zu Hause können wir uns vernachlässigen, denn uns sieht niemand. Niemand außer dem Kind und dem Partner.

Offensichtlich haben wir ein zweifaches Maß – als ob uns fremde Menschen wichtiger wären als unsere Familie.

Gleich ist es bei der Kommunikation:

Zu anderen Menschen sind wir freundlich, persönlich oder per Telefon, wir strengen uns wirklich an, höflich zu sein.

In der Familie kommunizieren wir oberflächlich, manchmal kommunizieren wir überhaupt nicht, weil wir keine Zeit haben.

`Fehler` Kind

Wichtig ist der Standpunkt der gemachten Fehler.

Als Edison gefragt wurde, wie er die Glühbirne gemacht hat, antwortete er, dass er viele Versuche gemacht hat und es 10.000 Mal versuchen musste, damit es ihm einmal gelungen ist.

Dann wurde er gefragt, dass das bedeutet, dass er somit 9.999 Mal einen Fehler gemacht hat?

Er veneinte, jedoch kannte er nun 9.999 Arten, wie man eine Glühbirne nicht macht!

Gut ist auch das Beispiel eines Unternehmens, wenn ein bestimmtes Produkt nicht verkauft wird: Das Team feiert dieses Ereignis trotzdem, weil es jetzt weiß, was nicht verkauft wird und welches andere Produkt ihnen eventuell Gewinn bringen wird.

Somit ist das System der Ausscheidung wichtig, obwohl wir zurzeit nicht wissen, was erfolgreich sein wird – wir wissen aber genau, was nicht geht.

Demgemäß ist Erfolglosigkeit eine ausgedachte Kategorie und existiert nicht, sondern es gibt nur den Weg zum Erfolg.

Es geht nur um eine unzureichende Anzahl von Versuchen.

Das Gleiche gilt für das Kind (Schüler, Student) – für seine Prüfungen, Entscheidungen und Auswahlen. Richtig, all seine Fehler sind nur ein Weg zum Erfolg.

Also ist auch das Kind, welches die Prüfung nicht erfolgreich abgelegt hat, nur auf dem Weg zum zukünftigen Erfolg, weil es das nächste Mal genau weiß, in welchem Bereich sein Wissen schlecht ist beziehungsweise nicht den Kriterien entspricht.

Es ist auch bekannt, dass historische Prominente nicht in dem Bildungsbereich erfolgreich waren, in dem sie dann später berühmt wurden. Einstein hatte die Note 2 in Mathematik.

Wir können das Kind nicht motivieren, indem wir ihm mit dem Finger zeigen, wohin es gehen soll oder was bei ihm gescheitert ist.

Auf einer solchen Basis kann es nicht wachsen – es kann aber auf Grundlage dessen wachsen, was es schon erreicht hat, wenn wir es für das Erreichte loben.

Als ich bei der Arbeit war, als alleinerziehende Mutter von drei Schülerinnen, fragte mich meine Mitarbeiterin:

„Wie viel hast du noch bis zum Ende?"

Sie lobte mich nicht für meine bisherigen Anstrengungen.

Die meisten Menschen wissen (genau), was sie erreichen möchten. Mit einem Gefühl der Minderwertigkeit, dass das Kind unzureichend gut oder erfolgreich ist, verletzen die Eltern das Kind unbewusst und irreversibel. Wir haben kein Recht auf andere Fragen, wenn wir dem Kind nicht vorher gesagt haben:

Ich habe dich lieb.

Viele Eltern sagen, dass das Kind weiß, dass sie es lieb haben. Die Wörter besitzen jedoch eine große Kraft, und es kostet nichts, wenn wir sie wiederholen. Besonders dann, wenn das Kind einen `Fehler` macht.

Es kann nicht schaden.

Arbeit an sich selbst

Mein Tätigkeitsfeld umfasst nur einen Umkreis von einem Meter um mich herum. Hier habe ich bereits so viel Arbeit, dass ich keine weitere Beschäftigung benötigen würde. Die Arbeit an mir selbst ist so anstrengend, dass ich mich lieber mit anderen Menschen beschäftigen würde, zum Beispiel mit dem Kind. Ich weiß genau, wie das Kind oder auch der Partner sein sollen, aber ich weiß nicht genau, wie ich selbst sein soll. Nun, ungefähr weiß ich es, aber es ist schwere Arbeit, und ich umgehe diese lieber, wenn es möglich ist. Wenn ich also aus meinem Kreis hinaustrete, bin ich in Schwierigkeiten.

Wenn ich aber in den Kreis des Kindes trete, dann wird das Kind zu meinem Gefangenen, weil es emotional und materiell abhängig von mir ist.

Projektionen

Wichtig ist das Bewusstsein – dass ich mir zu diesem Zeitpunkt meines Wohlbefindens bewusst bin und warum es so ist. Es kann sein, dass ich nur hungrig, unausgeschlafen, durstig oder müde und deshalb überempfindlich bin. Dann scheint es mir, dass das Kind etwas Falsches gemacht oder gesagt hat. Ohne es zu wissen, übertrage ich meinen inneren Zustand auf das Kind. Die Frau eines Alkoholikers schüttelt ihre Unzufriedenheit beispielsweise auch häufig auf das Kind ab, welches bei ihr ist.

Übermäßige Erregung können wir überall beobachten – auf der Straße, in der Bank, bei der Arbeit ...

Wenn die Menschen selbst in einer schlechten Verfassung sind, sind sie sich oft nicht bewusst, dass sie so einen Zustand auf andere übertragen, vor allem auf Kinder.

Hauptsächlich kommt meine Unzufriedenheit von mir, und deshalb ist es meine Verantwortung, mich in Ordnung zu bringen. Wenn aber die Unzufriedenheit offensichtlich von anderen kommt, ist es notwendig, dass ich meinen emotionalen Schirm in meinem Kreis öffne, in dem ich Kraft habe. Wenn ich mit dem Finger auf das Kind zeige, dann zeigen drei Finger auf mich zurück.

Wir sind nicht perfekt

Ich handle nicht immer richtig.

Werde ich nie.

Solange ich lebe, werde ich Fehler machen.

Und ich werde an mir arbeiten, jeden Tag gesondert, jede Stunde gesondert, weil man es nicht auf Reserve tun kann.

Ich bin ein Projekt in Arbeit – ein niemals beendetes. Wie eine Auslage in Arbeit. Das Kind auch.

Häufig sagen wir dem Kind:

„Wie ungeschickt du bist!"

Oder:

„Mein Kind ist so unruhig und ungehorsam …"

Mit solchen `Aufklebern` kennzeichnen und beschädigen wir es unbewusst.

Doch das Kind lernt erst das Leben, und wenn ihm etwas schon einmal nicht gelungen ist, oder mehrmals, ist das Kind noch immer in einem Lernprozess. So wie wir selbst es sind – bis zu unserem Lebensende. Es ist auch nicht notwendig, dass das Kind perfekt ist.

Im Leben wird sich schon zeigen, auf welchem Gebiet das Kind besonders erfolgreich ist, aber nur wenn wir es auf diesem Weg motivieren und nicht unterdrücken.

Aktivitäten außerhalb der Schule

Die Eltern sollten darauf aufmerksam sein, was das Kind mit seinen Freuden nach der Schule macht, bei Aktivitäten außerhalb der Schule.

Es kann sein, dass eine dieser Aktivitäten einmal zu seinem Beruf wird.

Mir ist das passiert. Alle drei Töchter haben von klein auf die Musikschule, Tanzschule, den Modelkurs, später auch Skikurs, die Schwimmschule und den Religionsunterricht besucht, sind mit dem Alpenverein wandern gegangen und noch vieles mehr: Fotografiekurs, Fremdsprachen, Wohltätigkeitsorganisationen, Chöre, Musikgruppen, Wettbewerbe ...

Danach haben zwei Töchter von den Aktivitäten außerhalb der Schule Musik und Design als Beruf gewählt und beide im Ausland das Magisterstudium in diesem Bereich abgeschlossen. Demnach ist ganz und gar nicht egal, was das Kind nach beendetem Schulunterricht macht.

Die Aufgabe der Eltern besteht darin, dem Kind eine breite Auswahl von verschiedenen Aktivitäten vorzustellen und zu ermöglichen, damit es das auswählen kann, das zu ihm passt.

Aktivitäten außerhalb der Schule haben schon manch einem den beruflichen Weg aufgezeigt.

Wenn von klein auf bis in die Studienjahre hinein ein gewisses Talent gepflegt wird, dann ist der spätere Erfolg darin nur eine logische Konsequenz.

Wenn wir uns der Sache widmen, die uns liegt und die uns interessiert, dann finden wir dazu mit Leichtigkeit alle möglichen Informationen, Praxisbeispiele im In- und Ausland, eignen uns Fähigkeiten an, geben ein wenig von und selbst dazu, und die Sache läuft. Das ist sehr wichtig, wenn nicht sogar das Wichtigste, weil die Leidenschaft zu einem Bereich das sein kann, was das Kind beispielsweise zu einem erfolgreichen Studium führen wird.

Jeder Einzelne kann seine Bestimmung finden, wenn er sich unter optimierten Bedingungen sich selbst widmet.

Das Kind wurde zum Studierenden

Den Studenten können wir nicht getrennt von der Familie und den familiären Werten behandeln, mit denen er noch vor Kurzem aufgewachsen ist. Die Studenten sind in der Phase des Übergangs zwischen Abhängigkeit und Unabhängigkeit. Es begleitet sie Stress, sie ziehen von zu Hause aus, müssen sich an Veränderungen des Bildungsprogramms anpassen und lernen bei der Planung des Studiums, mit der Zeit umzugehen. Mit neuen Freundschaften verwirklichen sie dann soziale, sportliche und kulturelle Interessen. Wenn die Eltern den akademischen Erfolg des Studenten zu streng bewachen, kann er unter diesem Druck nicht gelassen und kreativ funktionieren. Wenn die Eltern jedoch selbst vorbildhaft sind, kann sich der Student vollkommen zurechtfinden und findet die Lösung in einem Haufen von Informationen. Leider haben viele Faktoren einen negativen Einfluss auf das Studium und den Beruf. Einer dieser Faktoren ist die große Angst, dass das Kind, später Student, einen Fehler machen wird und im ausgewählten Bereich keine Beschäftigung bekommt. Dafür deuten die Eltern richtigerweise an, die ihrem Kind nur `das Beste` wünschen. Dann entscheiden sich Studieninteressierte möglicherweise für Bildungswege, die ihnen nicht liegen, jedoch für sie zugänglich sind. So kann es zur Auswahl eines falschen Studiengangs kommen, dessen Inhalte entweder unter oder über den Fähigkeiten des Studenten liegen. Oft verändern sich die wirtschaftlichen Verhältnisse so, dass sich nach 4–5 Jahren, wenn der Student sein Studium abgeschlossen hat, andere wirtschaftliche Bedürfnisse zeigen als am Anfang des Studiums.

In den USA wurde statistisch festgestellt, dass der Mensch, bevor er in Pension geht, sieben Berufe wechselt – nicht Arbeitsplätze, sondern Berufe. Deshalb ist sein Arbeitsbuch voll von Stempeln, und so ist es gut, denn es bedeutet, dass diese Person viele Interessen und Erfahrungen hat. Früher bedeutete das, dass eine solche Person nicht stabil und nicht loyal war, weil die Menschen oft bis zu 40 Jahre bei einem Unternehmen beschäftigt waren. Die Eltern können nicht wissen, welcher Beruf eine bessere Perspektive haben wird – vor allem in der heutigen Zeit der Globalisierung und schnellen Veränderungen. Die Eltern sollen dem Studenten nur sagen, dass es ihm gelingen wird, egal wie er sich entscheiden wird.

Mit der Unterstützung der Familie wird der Student sich entspannt auf neue Herausforderungen einlassen.

Der Besuch der Universität bedeutet, dass der Student eine erwachsene Person ist. Die Eltern sollten sich nicht wegen der Veränderungen sorgen, die sie sehen – die veränderten Reaktionen, die Kleidung, die neue Frisur und Haarfarbe – weil die Veränderungen des Studenten eine Art der Verwirklichung der eigenen Identität und Individualität ist, mit der er versucht, sich in das neue erwachsene Umfeld zu fügen.

Auswahl von sozialpsychologischen Berufen

Schlechte Muster in der Ursprungsfamilie behindern sehr stark die Entwicklung des Kindes und haben Einfluss auf seine spätere Auswahl des Studiums.

Kinder, die in einem wirtschaftlich schlechten und destruktiven Umfeld aufgewachsen sind, entscheiden sich in der Regel für Berufe, in denen sie anderen helfen können, weil sie beim Erwachsenwerden selbst in Situationen verwickelt waren, in denen sozialpsychologische Lösungen notwendig waren.

Es ist verständlich, dass solche Kinder dann Berufe wählen wie: Polizist, Feuerwehrmann, Soziologe, Psychologe, Rechtsanwalt, Arzt und andere.

Wegen der erlebten eigenen Traumen sind sie der Meinung und spüren sogar, dass sie jetzt, wo sie in diese Richtung ausgebildet sind, solche Situationen beherrschen.

Hier taucht ein Zweifel über die subjektive Ansicht sowie über das möglicherweise übersehene wirkliche Talent auf, welches genetisch bestimmt sein kann.

Offene Fragen:

Warum gestehen Eltern nicht, dass sie kein Wissen haben?

Warum erziehen wir die Kinder in der Illusion, dass wir alles wissen?

Wie kann die Leugnung einer solch wichtigen Frage die Entwicklung des Kindes behindern?

Ist ein solch planloses Handeln der Eltern ohne Wissen umstritten?

Geht es um die sogenannte unqualifizierte Elternschaft?

Wo finden wir Ursachen?

Ist der Grund für das Aufgezählte nur das enorme Ego des erwachsenen Menschen, der sich mit solchen Fragen nicht beschäftigen will, obwohl es klar ist, dass die Grundidentität der Einzelperson in der Ursprungsfamilie geschaffen wird?

Wie kann man den ersten Schritt machen, damit sich der Zustand verändern wird?

Falsche Fragen und Aussagen

„Wie war es in der Schule?"

Diese Fragen stellen wir unseren Kindern häufig. Das Kind antwortet meist: „Gut!"

Wenn ich von der Arbeit komme und mich jemand von meinen Angehörigen zu Hause fragt:

„Wie war es bei der Arbeit?", habe ich nicht immer Lust, zu erzählen.

Wenn ich wirklich etwas über meine Arbeit erzählen will, werde ich selbst mit dem Thema beginnen.

Häufig ist es entgegengesetzt – nach der anstrengenden Arbeit kann ich kaum erwarten, nach Hause zu kommen, mich auszuruhen und so schnell wie möglich die stressige Arbeit zu vergessen.

Wenn ich in mein sicheres Umfeld komme, möchte ich gerne liebevolle Wörter hören.

Auch das Kind möchte, wenn es aus der Schule kommt, keine zu sehr attackierende Frage hören:

„Wie war es in der Schule?"

Mein Kind hört lieber, dass ich es lieb habe oder ihm etwas zu trinken oder essen anbiete, es lobe und umarme.

„Wie viel Fünfer waren es?"

Situation: Das Kind kommt von der Schule und es hat einen Test geschrieben.

Wir fragen das Kind: „Welche Note hast du bekommen?"

Das Kind sagt: „3."

Die Eltern fragen dann gewöhnlich:

„Wie viel Fünfer gab es?" Mit diesem Vergleichen mit anderen verletzen wir, denn das Kind bekommt das Gefühl, dass es nicht gut genug ist.

Es wäre besser, das Kind für das Erreichte zu loben, dann wird es daran wachsen können. Denn das Kind weiß gut, was es erreichen will oder was es erreichen soll.

„Wie geht es dir?"

Auch eine ziemlich häufige Frage, auf die wir nicht immer Lust haben zu antworten. Wir können diese durch ein Lob ersetzen, zum Beispiel:

„Oh, wie schön du aussiehst!" Oder: „Welch gute Laune du heute hast!" Wir finden am Kind immer etwas, das wir loben können.

„Fahr nicht zu schnell!"

Wenn das Kind wächst und schon Auto fährt, dann machen es die Eltern oft ängstlich darauf aufmerksam, dass es achtgeben soll, wie es fährt. Wörter haben ihre Stärke und Energie. Überall ist es besser, negatives Bedenken zu vermeiden, weil wir somit negative Situationen hervorrufen. Befürchtungen, Ängste und Misstrauen dürfen wir Eltern nicht fördern, denn wenn wir dieser Negativität Kraft geben, wird sie wahrscheinlicher auch auftreten. Es ist besser zu sagen: „Mach's gut, ich wünsche dir eine gute Fahrt und einen schönen Tag."

Erfolgreiche Eltern sind jene, die es schaffen, es dem Kind zu überlassen und selbst als Vorbild zu handeln.

„Nein"

Wörter haben Energie

Mach das nicht.

Du schaffst es nicht.

Du weißt es nicht.

Hör auf.

Nein.

Jedes `Nein` der Eltern bedeutet negative Energie.

Die Eltern sollten statt eines `Neins` das eigene positive Vorbild verwenden.

Sie selbst sollten es weder sagen noch denken ...

Ich spreche über mich

Die heranwachsende Persönlichkeit des Kindes ist sehr empfindlich. Damit uns das Kind hört, sich jedoch nicht attackiert fühlt oder sich wehren muss, ist es besser, wenn wir von uns selbst reden.

Das bedeutet, dass ich alles, was ich meinem Kind sagen will, wie folgt ausdrücke:

Ich denke so,

Ich fühle so,

Ich habe es so gemacht,

Ich wünsche mir,

Mich freut das oder macht mich traurig ...

Positive Ansätze

Die positive Dimension wird oftmals übersehen.

Tatsächlich konzentrieren wir uns eher auf die negativen Seiten.. Bei Veränderungen ist es nicht gut, dass wir mit negativen Sätzen beginnen. Mutter Teresa wurde gefragt, ob sie dem Verband gegen Krieg beitreten will – und sie wollte nicht.

Als sie gefragt wurde, warum, denn sie ist eine bekannte Friedens-
stifterin, antwortete sie, wenn sie sie zum Verband für Frieden ein-
laden würden, würde sie sofort gehen.

Weil sie aber schon bei der Überschrift ihres Verbands den Krieg
betonen, möchte sie ihm nicht beitreten. Wegen der Unkenntnis
über die Folgen einer negativen Auffassung ist eine Erziehung positiven Denkens notwendig. Ein kreativer und positiver Gedanke
hat eine enorme Macht, deshalb ist es sehr wichtig, dass in der Familie eine positive Einstellung herrscht. Das Verhalten der Eltern
ist der Schlüssel zum Erfolg in familiären Beziehungen, für ein nor-
males Wachstum des Kindes sowie für sein Lernen. Dies müssen
wir auf die erste Stelle setzen. Bis wir solche Informationen nicht
bekommen, träumen wir Eltern – das Kind aber wächst. Die Probleme der Eltern kommen mit dem Zorn gegenüber dem Kind an den
Tag. Die Probleme zwischen den Partnern fühlt es daher wie seine
eigenen.

Die aktuelle selbstverständliche Erziehung muss man stufenweise
mit Wissen für Eltern ersetzen, mit `Erziehung der Eltern`. So würden die Eltern die Herausforderungen der modernen Zeit erfolgreich meistern. Das Wissen über die Elternschaft würde allen zugänglich sein –

(zukünftigen) Eltern, Großeltern und allen, die für das Kind sorgen.
Dazu gehören auch Institutionen – Schulen, Behörden, soziologi-
sche Wissenschaftler, Organisationen für den Schutz der Kinderrechte und andere. Die Ergebnisse sind von der Zusammenarbeit
der Eltern abhängig, es werden ein tiefes Interesse für das Wissen
über die Elternschaft und eine Bewegung auf Gedankenebene erwartet.

„Lass mich in Ruhe!"

Wenn uns das Kind sagt: „Lass mich in Ruhe!", bedeuten die Wörter oft das Gegenteilige.

Sie bedeuten: „Umarme mich, siehst du denn nicht, wie schlecht es mir geht?"

Auch wenn sich das Kind gegen das Umarmen wehrt, können wir Eltern eine Art finden, um die emotionale Rüstung zu durchbrechen, in der es sich hoffnungslos fühlt.

Wenn das Kind sagt: „Ich mag dich nicht!", „Ruf mich nicht!" oder „Geh weg!", teilt es damit mit, dass es in Not ist. Es prüft, wie viel wir bereit sind, zuzuhören, wie viel wir ihm zur Verfügung stehen, wenn es ihm schlecht geht und wie viel wir uns um es bemühen werden. Es prüft unsere Liebe.

Also bedeuten seine Wörter: „Ruf mich, lass mich nicht allein. Ich brauche dich."

Wahrscheinlich gilt dieser Mechanismus auch für Erwachsene.

Die scheinbare Selbstverteidigung zeigt, dass die Person nicht in guter Verfassung ist und auf jeden Fall Hilfe benötigt; schöne Wörter des Ansporns, Lob, Hoffnung, warme Blicke und Umarmungen …

Der Zustand in der Familie

Es ist notwendig, die Familie als erste Struktur zu behandeln, die das Kind auf die Gesellschaft vorbereitet und in welcher der Prozess der Sozialisierung beginnt.

Das spätere Lösen der Fragen des Kindes und die Beherrschung der Lebensanforderungen basieren auf psychologischen Fundamenten aus früher Kindheit.

Die Mehrheit der Eltern fördert die Selbständigkeit des Kindes, sie wünscht, dass die Vögel vom Nest wegfliegen, auf der anderen Seite wünscht sie, dass die Kinder in der Nähe oder zu Hause bleiben.

In der Natur ist die größte Leistung der Eltern, wenn sie ihr Küken aus dem Nest stoßen.

Die Kinder müssen wegen der emotionalen Entwicklung Liebe und Sicherheit erhalten.

Die Zuneigung und Motivation der Eltern beeinflussen auch die Gesundheit der Kinder.

Die emotionale Sicherheit stattet das Kind für die Herstellung der späteren Kontakte mit Menschen außerhalb der Familie aus.

So haben die Kinder eine positive Beziehung zum Leben und übernehmen schrittweise die Kontrolle darüber. Auf die Kinder hat auch die Beziehung der Eltern gegenüber der Arbeit Einfluss. Die Arbeitsgewohnheiten entwickelt das Kind von klein auf. Die Eltern, die eine stark ausgeprägte Arbeitsethik beweisen, sind für das Kind ein großes Vorbild. Die Kinder lernen die Beziehungen mit anderen Menschen vor allem von den Eltern. Wenn die Kinder erwachsen werden, gestalten die gesammelten Informationen aus der Kindheit ihre Rollen als Männer und Frauen.

Die Wirkung der Gesellschaft auf die Familie zeichnet sich dadurch aus, dass die Familie nicht mehr so dominant ist wie sie es einmal war. Kindergärten, Schulen, Bildungseinrichtungen und -anstalten haben zahlreiche Tätigkeiten übernommen, die früher die Eltern, die Großeltern und andere Verwandte erledigt haben. Trotz der größeren Ausgesetztheit gegenüber Außeneinflüssen spielt die Familie eine außerordentlich wichtige Rolle. Die Eltern sollten harmonische Beziehungen in der Familie pflegen. So würden wir innerhalb der Familie ein Schutzimmunsystem gestalten, welches das Kind schließlich übernimmt.

Die Familien haben sich in den letzten dreißig Jahren sehr verändert: Die Anzahl der Scheidungen der Eltern erhöht sich, gleichfalls erhöht sich die Anzahl der Kinder, welche in einer Einpersonenfamilie oder in rekonstruierter Familie leben – mit einem neuen Partner. Die Aggressivität, Missbräuche und Abhängigkeiten in der Gesellschaft wachsen. Nach den Scheidungen sorgen hauptsächlich die Mütter für die Kinder. Es kommt vor, dass der Elternteil, der mit dem Kind lebt, unbewusst oder bewusst die emotionalen Situationen und Lebenssituationen auf das Kind umlädt, anstatt auf den Partner. Hier geht es um emotionalen Missbrauch und die Abhängigkeit von Beziehungen. Wegen der Scheidung der Eltern kommt es auch oft zur Zersetzung der Beziehung zwischen dem Kind und dem einen oder anderen Elternteil. Häufige Umsiedlungen, häufiges Wechseln von Schulen, Freunden und der Umgebung wirken sich ebenfalls negativ auf das Kind aus. Zahlreiche

Kinder sind in einer Familie aufgewachsen, in der ihnen die Erfahrung, glücklich zu sein, weggenommen wurde. Je nachdem wie für das Kind in der Kindheit gesorgt wird, beeinflusst dieses Verhalten seine späteren Beziehungen mit den Menschen. Die Gefühle der Selbstachtung und des Selbstvertrauens bleiben das ganze Leben im Kind.

Es wäre optimal, wenn das Kind in der Familie lernen würde, wie es sich vor Angst schützt, damit es furchtlos und selbstsicher ist, um seine Ziele zu erreichen. Die persönliche Integrität des Kindes sollte unangetastet bleiben. Die depressive Stimmung der Eltern verursacht ein niedriges Niveau an Wärme und ein schlechtes Akzeptieren des Kindes. Wenn die Eltern die Probleme schlecht lösen und schlechte soziale Fähigkeiten haben, dann verursachen sie der Familie einen ständigen Stress sowie Gefühle der Depression, Hilflosigkeit, Wut, Erschöpfung, nervöse Störungen, Gewalt, Unterdrückung und Eheprobleme. Die Kinder, die aggressiven Eltern ausgesetzt sind, lernen die Situation mit Aggression zu lösen. Die Jugendlichen werden häufig für ihr Verhalten bestraft, obwohl sie die Muster zuvor in der Familie vorgelebt bekommen haben.

Die Gewalt in der Familie verursacht dann häufig konfliktreiche Beziehungen mit den Lehrern, eine negative Beziehung zur Schule sowie Abwesenheit von der Schule.

Wenn die Kinder hören, sehen und fühlen, dass es den Erwachsenen nicht gut geht, finden sie sehr schwer alleine Kraft für eigene Kreativität und Unabhängigkeit.

Wir Erwachsenen können aufgrund unserer Erfahrungen darauf schließen, dass sich ein Zustand bessern wird, aber die Kinder haben diese Erfahrungen nicht und spüren Probleme intensiver.

Das Kind und Lernen

Psychologen und andere Wissenschaftler versuchen schon Jahrzehnte lang, effektive Lerntechniken zu entwickeln, jedoch haben sie das Familienumfeld übersehen, in dem die Lerntechniken gebildet werden.

Richtig, innerhalb der Familie lernt das Kind, was es tun und wie es sich verhalten muss.

Größere Einbeziehung der Eltern bedeutet bessere Lernergebnisse und motiviert den Erfolg des Kindes. Wenn die Eltern sich für die Arbeit des Kindes interessieren, unterstützen sie damit seinen Fortschritt.

Manchmal ist es schwierig, sich zum Lernen zu zwingen, deshalb ist es in solchen Momenten wichtig, das Lernen zu vermeiden. Wenn das Kind in einem zerstreuten Zustand und unter Zwang lernt, führt das zu Frustrationen.

Zum Lernen muss es zurückkehren, wenn es nicht mehr mit einem anderen Wunsch oder einer anderen Aktivität (Wettkampf, Konflikte in der Familie und Ähnliches) belastet ist.

Es ist notwendig, auch das Stereotyp ‚Zuerst die Arbeit, dann das Essen' zu beenden, weil es nicht wahr ist. Ein ausgeruhtes Feld gibt die beste Ernte.

So würde für das Kind gelten: zuerst das Vergnügen und die Ruhe, dann die Arbeit und der Fortschritt. Die Aufgabe der Eltern besteht darin, die Stimmung des Kindes zu verbessern, sodass es positiv denkt und sich seiner Fähigkeiten und Fertigkeiten bewusst ist.

Es ist wichtig, negatives Denken im Sinne ‚*Mir wird es nie gelingen, ich habe nicht genug Zeit für diesen Test ...*' zu vermeiden und es stattdessen durch, *Ich werde alles machen, was sich machen lässt*, das Vergleichen mit anderen vermeiden und mich fragen, was ich tun kann, damit ich die Dinge verbessern kann' zu ersetzen.

Das Kind wird mit Freude und Leichtigkeit lernen, wenn der Inhalt es interessieren wird. Hier können die Eltern eine Art und Weise finden, um die Kreativität des Kindes zu fördern. Das Gehirn des Kindes sollte kein Lager von Informationen sein, sondern eine Werkstatt von Ideen.

Die Aufgabe der Eltern besteht darin, dem Kind schon vor dem Beginn der Schulzeit die Werte des Lernens nicht als unbedingte Aufgabe zu präsentieren, sondern als Möglichkeit für das Lernen über die Welt.

Genauso wichtig ist der Ort des Lernens – er soll die Konzentration fördern und keine störenden Elemente aufweisen. Zum falschen Verhalten der Eltern kommt es häufig wegen des falschen Gefühls, dass die Eltern die Elternschaft beherrschen, während viele Kinder in den Schulbüros wegen dem weinen, was zu Hause geschehen ist.

Oft versuchen Lehrer, Psychologen und Schulleiter bei der Erfüllung der emotionalen Bedürfnisse des Schülers zu helfen, überhaupt wenn es zu schweren und dramatischen Familienverhältnissen kommt.

Im Falle einer Sucht der Eltern, wie zum Beispiel Alkoholismus, muss das Kind sehr leiden, was seine Möglichkeiten für das Lernen, seine eigenen Wünsche und Ideen vermindert. Die Kindeserfahrungen von zu Hause haben einen direkten Einfluss auf seinen Erfolg in der Schule. Insbesondere die Qualität der Beziehung zwischen den Elternteilen hat einen Einfluss auf die emotionale Entwicklung und die Entwicklung des Verhaltens des Kindes.

Die Eltern sind ein Polygon

Als Beispiel können wir ein starkes Tigerweibchen nehmen, das ihren Jungen trotz seiner offensichtlichen Überlegenheit erlaubt, auf seinen Kopf zu springen und mit seinem Schwanz zu spielen.

Auch wenn wir eine Hauskatze beobachten, sehen wir, dass sie ihren Jungen alles erlaubt.

Die Natur hat sich somit um dieses primäre Lernen gesorgt, die ‚Unartigkeit', welche unbedingt notwendig und für den Lernprozess erwünscht ist.

Die Eltern und das elterliche Umfeld sind ein Polygon für die Kunst der Elternschaft. Das Kind kann sich frei ausdrücken, auch mit hässlichen Wörtern, mit denen es sich entspannt und sich von der inneren Not befreit.

So ist es auch richtig, weil die familiäre Umgebung ein Platz ist, an dem das lernende Kind frei ist und Fehler macht.

Wenn das Kind alles sagen kann, fühlt es sich gut und gewinnt an Selbstvertrauen. Wo soll es diese Eigenschaften entwickeln, wenn nicht zu Hause?

„Gute Eltern entwickeln sich zusammen mit dem Kind."

Bezüglich der Pilottheorie der Elternschaft ist diese Aussage völlig falsch.

Den Satz, dass die Erziehung der Kinder ein gegenseitiges Lernen der Eltern und Kinder ist, können wir mit der Frage ausstatten;

Entwickelt sich ein guter Pilot zusammen mit den Passagieren?

Es ist unwahrscheinlich, dass die Eltern ohne Wissen optimal zuerst mit ihrem Leben und später mit dem des Kindes umgehen können.

Die Eltern, die sich zusammen mit den Kindern entwickeln, können wahrscheinlich wegen der eigenen unglücklichen Kindheit auch die Fehler ihrer Eltern wiederholen. Deshalb muss man ein optimiertes Wissen erwerben und es sich erkämpfen.

Notwendig ist eine Erziehung der elterlichen Kommunikation und des elterlichen Handelns. Das Kind beispielsweise loben, was wir nicht gewohnt sind:

„Außerordentlich schön hast du das gesagt/gemacht.“

„Du denkst gut.“

„Genauso ist es.“

„Du hast recht.“

„Das stimmt.“

„Das ist dir ausgezeichnet gelungen.“

„Du warst einzigartig.“

„Wie angenehm du mich überrascht hast!“

„Ich bin stolz auf dich!"

Überlegtes Kritisieren und schnelles Loben sollen die Grundlage der Kommunikation werden.

Nicht nur mit den Kindern. Mit Lächeln, Lob und eigenem Beispiel kann man ein aufrichtiges Interesse für die Entwicklung des Kindes zeigen.

`Ordentliche` Eltern

Man muss den Begriff ‚ordentliche' Eltern definieren.

Wenn wir zur Pilottheorie zurückkehren, könnten wir die notwendigen Eigenschaften der Eltern mit denen des Piloten vergleichen.

So würde die ‚Ordentlichkeit' der Eltern wie beim Piloten beinhalten: das notwendige Wissen, mentales, physisches und emotionales Gleichgewicht, eine positive Einstellung sowie allgemeine Zufriedenheit in sich und in den Beziehungen zu anderen Menschen.

Es wird von verschiedenen Erziehungsstilen gesprochen, die sich von Familie zu Familie unterscheiden. In Bezug darauf können wir die Eltern mit einem Piloten so vergleichen, als würde jeder Pilot nach seinem Stil fliegen, ohne klar definierte Wege.

Wenn wir uns nur ein wenig bemühen, wird kristallklar, was für das Kind nützlich ist und was nicht – da gibt es nicht viele Unterschiede.

Die Lebensstile, bestimmte Überzeugungen, Elternschaftsstile sowie unterschiedliche Systeme – all das ist in untergeordneter Stellung.

Ohne das Wissen über die Elternschaft tragen die Eltern zu einem immer mehr beschränkten, nicht optimierten, leeren und oft zerstörerischen Leben des Kindes bei und folglich zum geringeren Erfolg auf seinem Bildungsweg. Wenn das Kind keine optimalen Bedingungen und keine ermutigenden Muster aus der Ursprungsfamilie hat, findet es sich in einer ungünstigen Position auf der Ebene der Passivität, die dazu führt, dass sich der Kreis der Erfolglosigkeit schließt.

Einen Individualismus bezüglich der Verantwortung und des Handelns der Eltern mit den Kindern sollte es nicht geben.

Alle Kinder auf der Erde, unabhängig von den wachsenden rassischen, wirtschaftlichen, religiösen oder kulturellen Unterschieden, sollten ein normatives, einheitliches Recht haben – das Recht auf ordentliche Eltern.

SCHLUSS

Das Universum wird durch einen einzigen Aspekt von effektiven Ansätzen – Wissen – angetrieben. Bis jetzt wurde das Wissen über die Elternschaft nicht an einer Stelle gesammelt. Die Eltern bemühen sich, dass ihr Kind zufrieden und erfolgreich ist. Wenn die Eltern nicht vorbildhaft handeln, sind die Folgen sichtbar an:

der Motivation des Kindes,

dem Eifer, Verpflichtungen zu erfüllen,

seinem Selbstwert und

und am deutlichsten kommt sie bei der Kreativität des Kindes (Erfinden) zum Ausdruck.

Die Folgen der Elternschaft ohne Wissen auf drei Ebenen:

für Kinder (später Schüler, Studenten), für Eltern, für die Gesellschaft.

Bei der Elternschaft gilt bisher die Einstellung: Egal, wird schon irgendwie, wir werden Versuche am Kind machen. Im Verkehr würde dieses Handeln einen Verstoß darstellen – im Flugzeug hätte es tragische Folgen.

Allgemein können wir sagen, dass die Wahrscheinlichkeit groß ist, dass wir eine Sache vernichten und beschädigen werden, wenn wir uns ihr ohne Wissen oder Fähigkeiten widmen.

Oft werden ein irreversibler Schaden und dauerhafte Folgen entstehen. Beim Kind brauchen wir das nicht zu fürchten, obwohl es die emotionalen Folgen spürt. Wegen unseres Handelns werden wir nicht bestraft, das Kind wird alleine schuld sein, weil es nicht gehorcht.

Wir Eltern haben nicht das Recht, mit dem Kind zu machen, was wir möchten, sondern müssen das tun, was dem Kind nützt.

Was benötigt das Kind eigentlich am meisten von den Eltern und von der Familie? Dass es bemerkt, akzeptiert, geliebt, gelobt wird und sicher ist. Die heutigen Eltern sind erschöpft und gestresst. Oder etwa nicht? Wir sind hauptsächlich unter Stress, wir jagen die Zeit, Arbeit und Finanzen.

Das Kind sollte eine Akzeptanz innerhalb der Familie fühlen. Die Folgen einer unqualifizierten Elternschaft sind verborgener Natur, deshalb scheint uns das Fehlen des Wissens auf diesem Gebiet gar nicht so problematisch. Die Eltern auf der ganzen Welt fragen sich beispielsweise, was sie bezüglich der Bildung ihrer Kinder machen sollen, damit diese den besten Lernerfolg erreichen.

So als würde sich der Pilot fragen, was er machen soll, damit er das Flugzeug erfolgreich fliegt – anders als mit einer Pilotenausbildung.

Das Gleiche gilt also für Eltern: Auch sie sollten sich mit elterlicher Ausbildung – dem Erwerb von Wissen über die Optimierung der Elternschaft – auf ihre wichtige Rolle vorbereiten.

Hier wurde mit theoretischen und praktischen Grundlagen zum ersten Mal ein Fundament für die Gestaltung einer neuen Wissenschaft aufgestellt, die grundlegend das Handeln der Eltern, der Familie und damit der Gesellschaft optimiert.

Nur das Gefühl der Eltern, dass sie das Kind ohne Wissen ‚erziehen' können, wird leider nicht ausreichen, und bezüglich der Folgen grenzt das an Missbrauch.

Die Eltern leben in der Illusion, die Elternschaft zu beherrschen, als hätten sie sie von ihren Eltern gelernt.

Die Dimension des Wissens über die Elternschaft wird vollkommen übersehen.

Wie bereits erwähnt, haben wir eine Weltorganisation für Kloschüsseln, wir haben einen Weltverband für Autos und einen für Katzen sowie viele andere. Wir haben aber keine Dachorganisation für Eltern, die Informationen über gute Praxen der Elternschaft empfangen und weitergeben würde.

Die Wissenschaftler beschäftigen sich nicht mit den Fragen, wie man das Wissen über die Elternschaft optimiert.

Als ich solche Fragen in Form eines Artikels einem Herausgeber präsentiert habe, habe ich die Antwort bekommen, dass der Artikel nicht veröffentlicht wird, weil die Elternschaft kein aktuelles Thema ist.

Das Ego der Erwachsenen hat sich bisher noch nie mit dieser Thematik beschäftigt.

Der Zustand würde wahrscheinlich ganz anders aussehen, wenn Kinder über die Elternschaft und die familiären Situationen schreiben würden. Kinder sind ehrlich und wissen ihr Gefühl spontan in Worte zu fassen oder in Zeichnungen auszudrücken.

Das Buch stellt lediglich eine Bestandsaufnahme der aktuellen Situation dar.

Es gibt keine Schuld, wie es keine Wissenschaft gibt, kein Wissen, Bewusstsein, keine Forschungen, keine gesammelten Beispiele guter Praxen und Anleitungen, wie die Eltern mit den Kindern umgehen sollen.

Es ist nie zu spät, um den Schaden auszubessern, den wir an den Kindern selbst verursacht haben, als wir ohne Wissen über die Elternschaft gehandelt haben.

Klar sind die Verbindung und die Übertragung der Muster aus der früheren Kindheit, aus jugendlichen Jahren und späteren Lebensabschnitten.

Für alle Dinge benötigen wir Anleitungen, und im Falle, dass wir diese nicht einhalten und es passiert, dass wir eine Sache zerstören, haben wir kein Recht auf Reklamation.

Wenn wir die Behauptungen mit Humor abschließen, können wir sagen, dass es am optimalsten wäre, wenn das Kind mit einer Bedienungsanleitung geboren würde.

Die Familien haben nicht das notwendige Wissen, das ein optimiertes Fördern des emotionalen und sozialen Verhaltens sowie die Motivation des Kindes ermöglichen würde. Es ist notwendig, eine so veraltete Art des Umgangs mit dem Kind abzulegen und sich für die Elternschaft mit einem Wissen aus verschiedenen Bereichen, religiösen Bekenntnissen und sozio-ökonomischen Klassen auf dem ländlichen und städtischen Gebiet auszustatten.

Es sind Dinge, über die man entscheiden muss, und manchmal ist das sehr schwer.

Die schlechteste Handlung ist, dass wir uns nicht entscheiden. Wenn im System etwas falsch läuft, ist es notwendig, festzustellen, welche Änderungen man vornehmen muss und wie. Unsere Zukunft ist von uns abhängig, die gemeinsame Verantwortung für heute und für die kommenden Generationen liegt bei den Eltern. Bestimmte Prozesse muss man regeln, was bei Pionierprozessen sehr schwer ist. Wir können neue Werte schaffen, wenn wir anders denken. Schon einige Zeit ist das Gefühl vorliegend, dass die Elternschaft anders angegangen werden soll und das bestehende System nicht so funktioniert, wie es sollte.

Unter ungünstigen Umständen hat das Kind keine optimalen Bedingungen für das Wachstum.

Wir können feststellen, dass die Familien nicht über das notwendige Wissen verfügen, mit welchem sie das Wachstum des Kindes optimieren würden.

Den Grund dafür können wir in der Abwesenheit der Wissenschaft und der Forschung über familiäre und elterliche Fragen finden.

Deshalb sind die angeführten Vorschläge ein Fundament für die Schaffung einer zukünftigen Wissenschaft, die das bestehende Wissen über die Fertigkeiten der Eltern an einer Stelle sammeln würde. Die notwendigen Veränderungen sind nicht nur eine Sache der Familie, sondern auch des gesellschaftlichen Systems. Mit der Optimierung der Elternschaft – mit dem Erwerb von Wissen über die Elternschaft – könnten die Eltern Wohlstand in der Familie schaffen.

Die angegebenen Ideen und Vorschläge stellen eine breite humane und soziale Innovation dar – Innovation der Zukunft –, welche deutlich von den bisherigen Erkenntnissen abweicht.

Die Erfahrungen und Feststellungen entspringen meinen 78 Jahren (28+26+24) der Elternschaft.

Bei den Magisterstudien begleite ich meine drei Töchter, welche Design in Kopenhagen, Finanzmathematik in München und Laibach und Musikwissenschaften in Berlin studieren.

Durch den Beitrag meines theoretischen und praktischen Wissens, der Erfahrungen sowie der Ideen erwarte ich eine breit beschriebene Leistung. Die Antwort darauf, wie viel Einfluss die Familie auf das Kind hat, lautet: Sehr viel.

Das Leben des Menschen wurde in der Vergangenheit von einer Vielzahl von organisierten Gemeinschaften und sozialen Dimensionen untersucht – über das Engste, die Familie, aber nicht.

Es wird angenommen, dass Elternschaft alles ist, was wir benötigen. Das Buch weist darauf hin, dass dem nicht so ist. Ist es nun möglich, diesen notwendigen Schritt zu machen? Es ist notwendig, auch wenn es schwierig ist.

Das behandelte Thema umfasst weit mehr Aspekte, als in diesem Pionierbuch vorgestellt und abgedeckt werden können.

Es stellt eine sehr umfassende Kategorie dar, was für die Entstehung einer neuen Wissenschaft durchaus verständlich ist. Bei der

Optimierung der Elternschaft würde es um die Sammlung der guten Praxen der ganzen Welt gehen. Weil die Idee der Gestaltung einer neuen Wissenschaft über die Elternschaft von revolutionärer Natur ist, ist es klar, dass auch die Vorträge für die Eltern mit der Absicht, in den Menschen etwas zu bewegen, das historisch schläft, etwas anders aussehen würden. Die Absicht besteht darin, das Kind vor Ungelerntem zu schützen, was es so emotional schädigen kann, dass es nicht imstande ist, die Erfolge zu erreichen. Die Kinder tragen viele Geschenke in sich. Die Aufgabe der Eltern ist, ihnen zu helfen, diese Geschenke zu entdecken, damit sie mit ihnen wachsen.

Selbstverständliche Elternschaft könnte durch die moderne Elternschaft

mit den Kenntnissen über die Fähigkeiten der Motivation und Kommunikation mit dem Kind ersetzt werden.

Die Elternschaft müsste zuerst auf dem Erwerb von Wissen basieren, jedoch sind die guten Praxen über die Elternschaft nirgendwo gesammelt. Bis zum Ende des Lebens können wir das Kind mit liebevollen elterlichen Erben prägen.

Zunächst können wir die Elternschaft als komplexes Konstrukt definieren, das keine richtige Orientierung hat, und deshalb helfen wir uns am meisten mit unserem Instinkt. Man denke nur daran, was es beim Piloten bedeuten würde, wenn er nicht die richtige Orientierung und kein Wissen hätte und nur seinen Instinkt verwenden würde.

Die Kinder stehen unter großem Druck der Eltern, die das natürlich mit der besten Absicht machen, jedoch ohne Wissen und mit eigenen schlechten Verhaltensmustern. Bei der elterlichen Philosophie sind Chaos wegen des Triebverhaltens und das Fehlen von modernen Regeln gegenwärtig.

Zweifellos geht es um einen Systemfehler, der eine Eliminierung auf globaler Ebene verlangt. Die Pilottheorie der Elternschaft können wir als radikale Innovation definieren. Die Elternschaft sucht ihre Grundlagen.

Am Ende eine schöne Nachricht für die Eltern:

Es gibt keine schlechten Eltern, und es gibt

keine schlechten Kinder.

Es gibt nur den historischen und globalen Systemfehler – kein Wissen der Eltern über die Kindererziehung.

Wenn das Wissen über die Elternschaft allen zugänglich sein wird, werden wir das Kind völlig mit Liebe umgeben können.